Tipología e Ilustraciones sobre Jesús

CRISTO en el ANTIGUO TESTAMENTO

13 PERSONAJES DEL ANTIGUO TESTAMENTO QUE PREFIGURARON A CRISTO

ACCIONES Y EVENTOS QUE ANUNCIARON A JESÚS

ROSE ESPAÑOL

CRISTO EN EL ANTIGUO TESTAMENTO

CRISTO es la clave de todo lo que Dios había señalado a lo largo de la historia de Su pueblo.

Una forma de considerarlo es examinar los paralelos que existen entre gente, sucesos y objetos del Antiguo Testamento, y la vida de Jesús en el Nuevo Testamento.

En Romanos 5, encontramos algunos de estos paralelos. Pablo escribe que el pecado entró en el mundo mediante un hombre, Adán, y que la consecuencia fue la muerte de todos los hombres, porque todos pecaron. Asimismo, explica que Adán tipificaba a uno que tenía que venir (Romanos 5:12).

Pablo dijo que si el pecado de una persona, Adán, hizo que muchos murieran, ¡cuánto más podría el don de la gracia de Dios, mediante la persona de Jesucristo, justificar a muchos y otorgar la vida eterna!

La Biblia está llena de esos paralelos o «tipos». El estudio de estos se denomina tipología. En el ejemplo mencionado más arriba, este método (tipología) señala que Adán es el tipo y Cristo el antitipo (lo contrario).

Adán

ADÁN (Génesis 2–3)

Adán fue el primer ser humano que Dios creó. Fue responsable de cuidar el Jardín del Edén. Su desobediencia al mandamiento de Dios introdujo el pecado y la muerte, de modo que la humanidad y toda la creación se corrompió por el pecado.

ADÁN	CRISTO
Adán fue la primera persona en esta creación.	En Su resurrección, Jesús es la primera persona de esta nueva creación (1 Corintios 15:23).
Adán fue llamado hijo de Dios (Lucas 3:38).	Cristo es el Hijo de Dios (Juan 1:14).
Adán fue el administrador o gobernante puesto por Dios (Génesis 1:28).	Cristo es el Ungido de Dios para ser Rey (Mateo 1:16).
Adán fue el padre de la raza (Génesis 3:20).	Cristo Jesús es la Cabeza de la nueva creación (Romanos 5:12-21).
Sus actos trajeron consecuencias a sus hijos, e hicieron que heredaran el pecado y la muerte (Génesis 3:16-19).	Sus actos tuvieron consecuencias para los hijos de Dios, al permitir que heredaran justicia y vida (Romanos 5:12-19; 1 Corintios 15:20-22, 45-49).
Adán se unió a Eva y se rebeló contra Dios (Génesis 3:6).	Cristo redimió a Su esposa (la iglesia) mediante Su obediencia a Dios (Apocalipsis 19:7-9).
Adán tuvo que cubrir su vergüenza con la muerte de un animal (Génesis 3:21).	Cristo fue avergonzado, desnudado y asesinado para cubrir nuestra vergüenza (Mateo 27:27-35).
En lugar de cercanía con Dios, experimentamos aislamiento y soledad. En lugar de amor y cuidado mutuo, experimentamos violencia y odio.	A través del acto redentor de Cristo, podemos experimentar la verdadera vida, una relación íntima con Dios y Su amor, y la preocupación por los demás.

PREGUNTAS

A causa del pecado de Adán, el mundo bueno que hizo Dios se corrompió. ¿Cómo «arregla» Cristo lo que Adán «rompió»? (Romanos 5:15-19).

ADÁN es un buen primer ejemplo de lo que es un *tipo*. Muestra claramente que la tipología se centra en acontecimientos y rasgos específicos y no en la totalidad de la persona. Existen grandes diferencias entre Adán y Cristo; de hecho, son opuestos. De modo que Adán no fue *como* Cristo; más bien, algunas características de su historia son *paralelas* a la vida y el ministerio de Cristo. Unas son positivas y otras negativas.

Zorobabel y Josué

ZOROBABEL Y JOSUÉ (Esdras 3–6; Zacarías 3–6)
Como castigo a la rebelión de Israel, Dios permitió que el imperio babilónico destruyera Jerusalén, el templo y que los judíos fueran cautivos a Babilonia. Después de 70 años, Dios consintió que los judíos regresaran a Jerusalén. Una de las tareas que tuvieron fue reconstruir el templo. Zorobabel (descendiente de David) y Josué (sumo sacerdote) fueron los líderes elegidos por Dios para llevar a cabo esta obra.

ZOROBABEL Y JOSUÉ	CRISTO
Zorobabel fue descendiente de David, heredero al trono y líder de Israel en su época (Esdras 2:1-2; ver Mateo 1:13 y Lucas 3:27).	Jesús es el hijo de David y el Rey de Israel. Es el líder de todo el pueblo de Dios (Lucas 1:32-33).
Zorobabel ayudó a poner los cimientos y a acabar el segundo templo (Zacarías 4:9; Esdras 3:11, 6:14-15).	El cuerpo de Jesús, que fue resucitado de la tumba, es el nuevo templo y Su pueblo es Su «cuerpo», el «templo» sobre la tierra (Juan 2:19-22; Romanos 12:5; 1 Corintios 12:27; 1 Corintios 3:10; Efesios 2:21).
Zorobabel puso la primera piedra del templo reconstruido con aclamaciones de: «Gracia, gracia a ella» (Zacarías 4:7).	A Jesús se lo llama piedra angular (Hechos 4:11; Efesios 2:20; 1 Pedro 2:7). Es el fundamento y la fuente de la gracia de Dios (Juan 1:17).
Josué era sumo sacerdote de Israel cuando el templo estaba a punto de reconstruirse (Zacarías 3:1).	«Jesús» es la forma griega en el Nuevo Testamento del «Josué» hebreo del Antiguo. Él es el verdadero y máximo sumo sacerdote (Hebreos 7).
Dios vistió a Josué con ropas de gala para que pudiera estar en la presencia del Dios Santo (Zacarías 3:3-5).	Cristo nos viste de Su justicia (Gálatas 3:27). Está en el templo celestial y lleva puestas las vestiduras del gran sumo sacerdote (Apocalipsis 1:12-18).
Satanás intentó acusarlo, pero Dios mismo defendió a Josué (Zacarías 3:1-5).	Satanás intentó destruir a Jesús, pero este lo derrotó (Hebreos 2:14).
Se habla de Josué y de Zorobabel como ungidos que están delante del Señor (Zacarías 4:14).	«Cristo» es el nombre griego del Nuevo Testamento para la palabra hebrea «Mesías» del Antiguo Testamento. «Mesías» significa «ungido».

PREGUNTAS

Dios está edificando Su nuevo templo (Romanos 12:5). Pablo explica qué significa la iglesia comparándola con un «cuerpo» (1 Corintios 12:12-31). Dios construye este templo concediendo dones a cada creyente (1 Corintios 12:7). Algunos de los que Pablo enumera son: sabiduría, conocimiento, fe, sanidad, profecía, lenguas, enseñanza, administración, servicio, exhortación, liderazgo, misericordia y amor. ¿Dónde crees que se utilizan hoy esos dones?

ELÍAS Y ELISEO (1 Reyes 17–2 Reyes 9)

Elías fue un profeta que confrontó al rey y a la reina con su pecado. También llamó a Israel al arrepentimiento y a la obediencia al Señor. Dios mostró Su poder por medio del ministerio de Elías. Escogió a Eliseo como su sucesor y profeta en Israel. Como en el caso de Elías, Dios demostró Su poder mediante el ministerio de Eliseo.

ELÍAS Y ELISEO	CRISTO
El llamamiento de Elías, de parte de Dios, al arrepentimiento llegó en un momento de gran deslealtad (1 Reyes 19:14-18).	Cristo anunció el reino de Dios en el tiempo divinamente designado (Marcos 1:15).
Mientras estaba en el desierto, los cuervos cuidaron a Elías (1 Reyes 17:6). En otra ocasión, en un viaje de 40 días por el desierto, un ángel lo alimentó (1 Reyes 19:3-8).	Jesús fue tentado en el desierto después de un ayuno de 40 días. Los ángeles cuidaron de Él (Mateo 4:2,11; Marcos 1:13; Lucas 4:2).
Elías llamó a su discípulo Eliseo, quien dejó sus bueyes y su hogar para seguirlo (1 Reyes 19:19-21).	Jesús llamó a Sus discípulos y estos dejaron inmediatamente sus hogares y la pesca (Mateo 4:18-22).
Elías resucitó al hijo de una viuda y se lo devolvió a su madre (1 Reyes 17:17-24).	Jesús resucitó al hijo de una viuda en la ciudad de Naín y se lo devolvió a su madre (Lucas 7:11-17).
Elías invocó fuego del cielo sobre sus enemigos (2 Reyes 1:12).	Jesús no permitió que Sus discípulos hicieran descender fuego del cielo sobre sus enemigos (Lucas 9:52-56)
Eliseo limpió al leproso Naamán (2 Reyes 5:1-19).	Jesús limpió al leproso (Mateo 8:1-3; Marcos 1:40-42; Lucas 5:12-13).
Eliseo resucitó al hijo de una mujer destacada (2 Reyes 4:8-37).	Jesús resucitó a la hija de un hombre importante (Mateo 9:23-25; Marcos 5:35-42; Lucas 8:41-55).
Eliseo multiplicó alimentos en dos ocasiones (2 Reyes 4:1-7; 42-44).	Jesús multiplicó alimentos en dos ocasiones (Mateo 14:13-21; 15:29-39).
Una persona resucitó cuando su cuerpo fue echado en la tumba de Eliseo y tocó sus huesos (2 Reyes 13:21).	Una mujer fue sanada cuando tocó el borde del manto de Jesús (Mateo 9:18-22).

PREGUNTAS

En una ocasión, cuando Elías se sintió solo y derrotado, Dios le mostró que había preservado a aquellos que le eran fieles. Le hizo saber que no estaba solo. ¿Alguna vez te sentiste solo, incomprendido y a punto de darte por vencido, como Elías? ¿Qué ayuda te proporciona la historia de Elías en 1 Reyes 19:3-18 para sobrellevar esa situación?

La respuesta de Eliseo al llamamiento de Elías fue dejar todo y seguirlo. Los discípulos de Jesús tuvieron una respuesta similar a Su llamamiento. ¿Qué significa esto para la iglesia de hoy? ¿Cómo nos llama Dios a servirlo?

Noé

NOÉ (Génesis 6–9)

Cuando Dios decidió destruir el mundo por medio de un diluvio, como castigo por el pecado de la humanidad, escogió salvar a Noé y su familia. Noé construyó un arca para salvar a los animales.

NOÉ	CRISTO
Noé fue una especie de «segundo Adán», ya que todos los seres humanos descienden de él (Génesis 8:15–9:17).	A Cristo se lo llama «el segundo hombre» (Adán) ya que la vida eterna solo puede hallarse en Él (1 Corintios 15:47).
El arca de Noé fue un refugio para todas las especies de animales (Génesis 6:19–7:5).	El cuerpo de Cristo (la iglesia) proporciona salvación para todos, tanto judíos como gentiles (Romanos 11:11; Gálatas 3:28-29).
La maldad humana había alcanzado un nivel inaceptable. Así que Dios decidió destruir Su creación mediante un diluvio (Génesis 6:6-7).	Cuando Dios disponga, destruirá Su creación por medio del fuego (2 Pedro 3:12-13) para recrearla (Apocalipsis 21:1).
El arca de Noé se salvó de las aguas del diluvio (Génesis 7:7).	El cuerpo de Cristo (la iglesia) fue librada de la muerte por medio de las aguas del bautismo (1 Pedro 3:21).
Noé ofreció un sacrificio de sangre (Génesis 8:20–9:6).	Cristo se ofreció a sí mismo como sacrificio (1 Pedro 1:18-19).
El arca de Noé reposó sobre el Monte Ararat el 17 del mes judío Nisán (Génesis 8:4).	La resurrección de Cristo tuvo lugar el 17 de Nisán (que corresponde al mes de marzo o abril).
Aunque Noé no era perfecto, se lo describe como un «varón justo,… perfecto en sus generaciones; con Dios caminó Noé» (Génesis 6:9).	Jesús fue el hombre perfecto e irreprensible (Hebreos 4:15).

PREGUNTAS

Todos somos un poco como Noé. Ver 2 Pedro 3:12-14. Nosotros también sabemos que este mundo va a acabar. ¿Cómo deberíamos vivir hoy?

¿Qué convirtió a Noé en un «hombre justo» aunque su vida distaba mucho de la perfección?

Abraham

ABRAHAM (Génesis 12–25)

Dios eligió a Abraham y le ordenó que dejara su hogar para viajar a un lugar desconocido. Le prometió que sería el padre de una gran nación y que Sara, su esposa, le daría un hijo. A través de este hijo, Dios bendeciría a todas las naciones. Cuando eran ancianos, Abraham y Sara tuvieron a Isaac, el hijo de la promesa.

ABRAHAM	CRISTO
A Abraham se lo llama «padre de la fe» (Génesis 15; Romanos 4:16-18).	Cristo es el autor y perfeccionador de la fe (Hebreos 12:2)
Abraham estuvo dispuesto a sacrificar a su único hijo (Génesis 22:2), e Isaac hizo lo que su padre le dijo (Génesis 22:9).	Dios Padre estuvo dispuesto a sacrificar a Su Hijo unigénito (Juan 3:16) y Jesús obedeció al Padre sin replicar (Juan 10:17-18).
La fe de Abraham le permitió confiar en que Dios cumpliría Su palabra, aunque esto significara resucitar a Isaac de los muertos.	Así como la fe permitió a Abraham que aguardase con confianza la propia resurrección de Jesús, nosotros también miramos atrás y la contemplamos con la misma esperanza (1 Corintios 15:54-58).
El sacrificio de Abraham tuvo lugar en el Monte Moriah (Jerusalén; Génesis 22:2, 2 Crónicas 3:1) y un carnero fue el sustituto de Isaac (Génesis 22:8, 13-14).	Cristo fue sacrificado en las afueras de Jerusalén (Juan 19:17-18) y es el Cordero de Dios (Juan 1:29-31).
El hijo de Abraham (Isaac) fue el hijo de la promesa. El libro de Hebreos conectó a Isaac con la idea de la resurrección (Hebreos 11:17-19).	Jesús, el Hijo de Dios, es el hijo de la promesa (Isaías 9:6) que resucitó (1 Corintios 15:1-11).
Todas las naciones fueron benditas en el nacimiento de Isaac (Génesis 12:3).	En Jesucristo son benditas todas las naciones (Hechos 28:28; Mateo 28:18-20).

PREGUNTAS

En toda la Biblia, vemos el tema de sacrificar la vida, los deseos y los anhelos. ¿Qué utilidad puede tener la historia de Abraham en nuestro viaje personal de fe?

David

DAVID (1 y 2 Samuel)

David fue un pastor que enfrentó valientemente y mató a Goliat, un filisteo enemigo de Israel. Finalmente, Dios escogió a David como rey de Israel después de Saúl. El rey David estableció a Israel en la tierra conquistada de Canaán y expandió el reino. A pesar de sus pecados, Dios lo definió como «un varón conforme a mi corazón» (1 Samuel 13:14 y Hechos 13:22).

DAVID	CRISTO
Dios le concedió a David la victoria contra Goliat (1 Samuel 17:45-47).	Dios concedió a Cristo la victoria sobre la muerte (1 Corintios 6:14).
David fue perseguido por Saúl, el rey desechado de Israel (1 Samuel 19).	Jesús fue perseguido por Herodes, el rey ilegítimo de Judá (Mateo 2:13-18).
Los enemigos de David fueron tras él, pero el Espíritu Santo los subyugó (1 Samuel 19:18-24).	Los enemigos de Jesús llegaron para arrestarlo y el Espíritu Santo los apabulló cuando Jesús habló (Juan 18:1-11).
David tuvo en Jonatán a un amigo y abogado que lo defendió aun a riesgo de su propia vida (1 Samuel 20).	Jesús encontró en Juan el Bautista a un amigo y abogado que lo defendió aun a riesgo de su propia vida (Juan 3:22-30).
Los hombres de David estaban hambrientos y comieron el pan de la proposición (1 Samuel 21:1-6).	Los discípulos de Jesús estaban hambrientos y comieron trigo en el día de reposo (Mateo 12:1-8).
David fue tentado y sucumbió (2 Samuel 11).	Jesús fue tentado y no sucumbió (Hebreos 4:15).
Dios amó a David, a pesar de sus imperfecciones, e hizo pacto con él (2 Samuel 7:11-16).	Cristo, en Su amor por la humanidad, hizo un nuevo pacto (Mateo 26:28; Hebreos 12:24).
El hijo de David, Salomón, cuyo nombre significa «paz» heredó el trono (1 Reyes 1:29-30).	A Jesús, el vástago de David, se lo llama Príncipe de Paz, y tiene el trono de David para siempre (Isaías 9:6; Lucas 1:31-33).
Las experiencias de David están reflejadas en los salmos: Salmos 22, 31, 32, 35, 40, 41, 45, 68, 69, 109, 110.	Las experiencias de Jesús son el cumplimiento de estos salmos: Salmos 22, 31, 32, 35, 40, 41, 45, 68, 69, 109, 110.

PREGUNTAS

En el Salmo 22, David expresa que Dios lo abandonó y se lamenta por ello. Jesús lo repitió cuando estaba en la cruz.

¿Alguna vez sentiste como si Dios te hubiera abandonado?

En los salmos anteriores ¿con qué sentimientos o expresiones puedes identificarte?

Samuel

SAMUEL (1 y 2 Samuel)

Samuel fue un profeta de Dios al final de la época de los jueces. Guió al pueblo de Israel cuando aún no tenía rey. Cuando Dios permitió la monarquía en Israel, Samuel ungió a Saúl como rey. Cuando Dios desechó a Saúl y eligió a David como nuevo rey, Samuel también ungió a David.

SAMUEL	CRISTO
Ana, madre de Samuel, fue bendecida por el sumo sacerdote Elí antes del nacimiento de Samuel (1 Samuel 1:17).	María, madre de Jesús, fue bendecida por un ángel antes del nacimiento del Señor (Lucas 1:30).
Ana, madre de Samuel, profirió una oración de alabanza a Dios por Su bondad para con ella. Esto ocurrió en presencia del sacerdote Elí (1 Samuel 2:1-10).	María, la madre de Jesús, hizo una extensa oración en la casa sacerdotal de Zacarías y Elizabeth. Esta oración es extraordinariamente similar a la de Ana (Lucas 1:46-56).
Tras destetar a Samuel, Ana lo llevó al tabernáculo con una ofrenda para dedicarlo a Dios (1 Samuel 1:24-28). Elí recibió al niño (1 Samuel 1:25).	Tras un período de purificación, María y José llevaron a Jesús al templo junto con una ofrenda (Lucas 2:22-24). Simeón recibió al niño (Lucas 2:25-28).
Sus padres subían todos los años al tabernáculo (1 Samuel 2:19).	Sus padres subían cada año al templo (Lucas 2:41).
El niño Samuel se quedó y sirvió en el tabernáculo (1 Samuel 2:18; 3:21).	De niño, Jesús se sentaba en el templo y servía allí (Lucas 2:46-50).
«Y el joven Samuel iba creciendo, y era acepto delante de Dios y delante de los hombres» (1 Samuel 2:26).	«Y Jesús crecía en sabiduría y en estatura, y en gracia para con Dios y los hombres» (Lucas 2:52).
Samuel fue dado a Israel tras un largo silencio de Dios (1 Samuel 3:1).	Jesús fue dado a Israel tras un largo silencio de Dios.
Samuel fue el cumplimiento parcial de la promesa de Dios de levantar un profeta como Moisés (Deuteronomio 18:15; 1 Samuel 3:19-21).	Cristo es el cumplimiento supremo de la promesa de Dios de levantar un profeta como Moisés. Sin embargo, Jesús es mayor que Moisés (Hebreos 3:1-6).
Samuel estableció la monarquía en Israel (1 Samuel 10:24-25).	Jesús estableció la verdadera monarquía en Israel y en el mundo (Lucas 1:32-33).

Preguntas

Tener el favor de Dios significa agradarle. Lee 1 Tesalonicenses 4:1-12 y comenta sobre diferentes formas de agradar a Dios.

Melquisedec

MELQUISEDEC (Génesis 14:18-20)

Cuando Abraham volvió de luchar contra los ejércitos enemigos para liberar a su sobrino Lot, Melquisedec, rey de Salem, salió a su encuentro con una ofrenda de pan y vino. Abraham lo reconoció como creyente y sacerdote del Dios verdadero al entregarle el diezmo de todas sus ganancias, que era la porción correspondiente al rey (ver 1 Samuel 8:15,17).

MELQUISEDEC	CRISTO
El nombre Melquisedec significa «rey de justicia».	Cristo es el Justo (Hechos 3:14; Jeremías 23:5-6)
Melquisedec era rey de Salem (Jerusalén). La palabra «salem» significa paz (Génesis 14:18; Hebreos 7:2). Fue rey antes que David.	Es el Príncipe de Paz (Isaías 9:6) y rey legítimo de Jerusalén para siempre.
Melquisedec fue sacerdote del Altísimo (Génesis 14:18) antes que Aarón y el sacerdocio levítico. (Aarón y sus hijos fueron ordenados como familia sacerdotal de Israel en Levítico 8).	El sumo sacerdocio de Cristo precede y es superior a cualquier otro sacerdocio; es decir, al de Aarón en Levítico 8 y al de Melquisedec en Génesis 14 (ver Hebreos 7:4-10).
Los sacerdotes del Antiguo Testamento ofrecían bendiciones al pueblo de Dios (ver Números 6:22-27).	Como sumo sacerdote (Hebreos 7:4-10), Cristo bendice al pueblo de Dios con toda bendición espiritual (Efesios 1:3).
Melquisedec bendice a Abraham en nombre de Dios (Génesis 14:19-20).	Cristo nos bendice a nosotros, los hijos espirituales de Abraham (Gálatas 3:29).

PREGUNTAS

Lee Hebreos 8. ¿Qué significado tiene que Cristo sea sumo sacerdote?

En Efesios 1:3 leemos que los creyentes son bendecidos con toda bendición espiritual. Enumera algunas «bendiciones espirituales» que hayas visto en tu vida durante la pasada semana.

José

JOSÉ (Génesis 37–50)

José era uno de los hijos de Jacob y Raquel (Génesis 35:24). Cuando sus envidiosos hermanos lo arrojaran a una cisterna, fue llevado a Egipto y vendido como esclavo. Allí, Dios bendijo a José, quien llegó a ser el segundo después del rey de Egipto. Dios lo utilizó para bendecir a las naciones mediante el sabio almacenamiento de trigo durante el tiempo de abundancia, para poder disponer de él cuando llegara la hambruna inminente.

José	Cristo
José fue rechazado por sus propios hermanos (Génesis 37:19-20), despojado de su túnica y arrojado a una cisterna (Génesis 37:22-24). Fue vendido como esclavo y, finalmente, acabó en una cárcel de Egipto (Génesis 37:28 y 39:20).	Cristo fue rechazado por los suyos (Juan 1:11). Fue despojado de Su túnica, condenado a muerte y descendió al infierno (Mateo 27:27-31; Juan 19:23-24; 1 Pedro 3:18-20).
José fue un siervo ejemplar (Génesis 39:1-6). Aunque fue tentado, no sucumbió a la tentación (Génesis 39:7-12).	Cristo vino como siervo (Filipenses 2:7). Fue tentado, pero no pecó (Hebreos 4:15).
José fue injustamente acusado y condenado (Génesis 39:13-20). En prisión, interpretó el sueño de dos presos que estaban con él, uno de vida y el otro de muerte (Génesis 40:6-23). Fue liberado de la cárcel para sentarse a la diestra del Faraón (Génesis 41:14-45).	Cristo fue injustamente acusado y condenado (Mateo 26:57-68; 27:11-25). En la cruz, las palabras de Jesús prometieron vida a uno de los ladrones condenados con Él (Lucas 23:39-43). Jesús fue levantado de la prisión de la muerte para sentarse a la diestra de Dios Padre (Hechos 2:33; 5:31).
José comió con sus hermanos antes de revelarles su identidad (Génesis 43:16). Cuando lo hizo, José les salvó la vida (Génesis 45:3-15). Las acciones de José también salvaron a Egipto y a muchos otros (Génesis 50:20).	Jesús celebró una última cena con Sus discípulos (Mateo 26:17-30). Después de Su muerte y resurrección, se les reveló vivo y esto trajo salvación para ellos y para el mundo (Lucas 24; 1 Corintios 15:1-11).
En José, Dios cumplió parcialmente la promesa hecha a Abraham de bendecir a todas las naciones del mundo (Génesis 12:1-3), ya que ayudó a que las naciones del mundo pudieran sobrevivir a la terrible hambruna (Génesis 41:57).	En Cristo, Dios cumplió por completo la promesa hecha a Abraham, (Génesis 12:1-3), ya que Cristo murió por los pecados del mundo, y ordenó: «Id y haced discípulos a todas las naciones… » (Mateo 28:19).

Preguntas

José fue insultado, traicionado y maltratado, pero a pesar de ello (al igual que Cristo) fue de bendición para todos los que le hicieron daño. ¿Cómo se aplica esto a tu vida?

Josué

JOSUÉ (Números 27:12-23; Deuteronomio 31:1-8; libro de Josué)

Josué, cuyo nombre original era Oseas, fue uno de los doce espías que Moisés envió «a explorar la tierra de Canaán». Solo él y Caleb alentaron al pueblo a confiar en Dios y tomar posesión de la tierra que Jehová había prometido a Abraham. Cuando Moisés murió, Josué se convirtió en el líder que hizo entrar a Israel en la tierra de Canaán.

JOSUÉ	CRISTO
El nombre de Josué es, en realidad, el mismo que el de Jesús: «Yehoshúa» o su diminutivo «Yeshúa», que significa: «El Señor salva».	El nombre de Jesús en su forma griega es Yeshúa. Igual que Josué, Jesús condujo a Su pueblo a la salvación, aunque en un sentido mayor de vida eterna.
Josué fue el líder profético de Dios, que tomó el relevo de Moisés (Josué 1:1-9).	Jesús cumplió la profecía de Moisés: «Profeta de en medio de ti, de tus hermanos, como yo, te levantará Jehová tu Dios… » (Deuteronomio 18:15; ver también Hechos 3:22-23).
Josué dividió en dos el río Jordán para que Israel pudiera atravesarlo (Josué 3:7-17).	Jesús caminó sobre las aguas e invitó a otros a venir a Él (Mateo 14:25-29).
Josué guió al pueblo de Dios a la tierra prometida, la herencia que Dios prometió a Abraham (Josué 1:2-3).	Jesús conduce al pueblo de Dios a la tierra prometida, Su herencia (Mateo 25:34; Efesios 1:13-14).
El ejército de Josué echó abajo fortalezas terrenales (Josué 6).	El ejército de Jesús derriba fortalezas espirituales (2 Corintios 10:3-5).
El ejército de Josué iba ataviado con una armadura terrenal (Josué 6:9).	El ejército de Jesús va ataviado con la armadura espiritual (Efesios 6:10-17).
Josué se describió a sí mismo como siervo de Dios (Josué 24:15).	Jesús se describió a sí mismo como siervo (Lucas 22:27; Juan 13:1-17; Filipenses 2:7).
Josué llevó al pueblo de Dios a descansar en la tierra prometida (Josué 21:44).	En esta nueva creación, los seguidores de Jesús son conducidos al reposo (Hebreos 4:1).

PREGUNTAS

El ejército de Josué estaba armado para la batalla física, pero los seguidores de Jesús lo están para la lucha espiritual. Comenta sobre la armadura espiritual que Dios nos proporciona en Efesios 6:10-17.

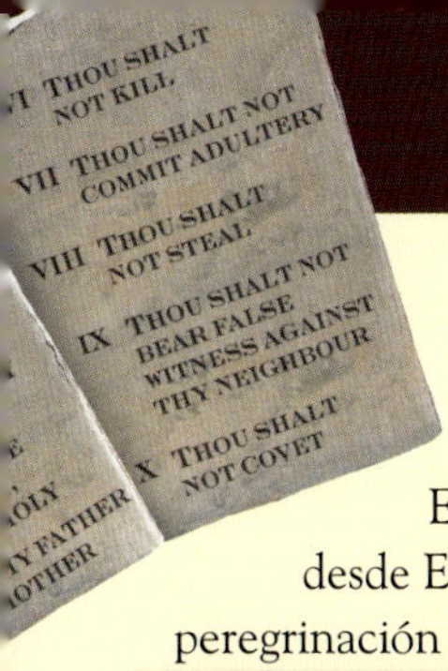

Moisés

MOISÉS (Éxodo–Deuteronomio)

Dios llamó a Moisés para que condujera a los israelitas fuera de Egipto. Se convirtió en líder, profeta y juez de Israel. Fue con Israel desde Egipto hasta la tierra prometida en Canaán y los acompañó en la peregrinación por el desierto. Dios entregó la Ley a Israel por medio de Moisés.

MOISÉS	CRISTO
Alrededor del tiempo del nacimiento de Moisés, Faraón hizo matar a niños inocentes (Éxodo 1:22).	Cerca del nacimiento de Jesús, el rey Herodes mató a niños inocentes en Belén (Mateo 2:16).
Moisés tuvo que huir de su tierra natal por la persecución del Faraón (Éxodo 2:15).	Jesús y Su familia tuvieron que huir de su tierra natal por la persecución de Herodes (Mateo 2:14).
Faraón murió y Moisés regresó después que le fuera dicho: «Han muerto todos los que procuraban tu muerte» (Éxodo 4:19).	Herodes murió y Jesús regresó «… porque han muerto los que procuraban la muerte del niño» (Mateo 2:20-21).
La oración de Moisés sanó a María de su lepra (Números 12:10-13).	Jesús limpió al leproso (Mateo 8:2-3).
Moisés escogió a doce mensajeros, uno de cada tribu. Oseas, que se convirtió en el compañero más cercano de Moisés, recibe el nombre de Josué (Números 13:2-16).	Jesús eligió a doce apóstoles que juzgarán a las doce tribus de Israel. Simón, uno de los más cercanos a Jesús, recibió el nuevo nombre de Pedro (Mateo 16:17-19; Marcos 3:16-17).
Moisés oró por el milagro del maná y las codornices (Éxodo 16:1; Números 11:31).	Jesús llevó a cabo dos veces el milagro de los panes y los peces (Mateo 14:13-21; 15:32-39).
El Mar Rojo se dividió a la orden de Moisés (Éxodo 14:15-22).	Jesús caminó sobre el mar y calmó la tormenta (Mateo 14:22-36).
Moisés se encontraba sobre un monte cuando recibió la bendición de los mandamientos (Éxodo 19:20; Deuteronomio 6:5-25).	Jesús se encontraba sobre un monte cuando pronunció las bienaventuranzas y Sus mandamientos (Mateo 5:1-12).
Una nube cubrió a Moisés, Aarón y María, y se oyó la voz de Dios (Números 12:5-8)	Una nube cubrió a Pedro, a Jacobo y a Juan junto con Jesús, y se escuchó la voz de Dios (Mateo 17:1-5).
Dios prometió levantar a un profeta como Moisés (Deuteronomio 18:15).	Cristo es el profeta que Dios prometió, pero es mayor que Moisés (Hebreos 3:1-6).
Aunque Moisés llevó a Israel hasta la frontera de la tierra prometida, no pudo entrar como castigo a su rebelión (Números 20:1-13).	Mediante Su obediencia, Jesús lleva a las personas hasta el Paraíso (Lucas 23:43).

PREGUNTAS

Examina la historia de Moisés y la roca (Números 20:1-13).

¿Por qué castigó Dios a Moisés de una forma tan dura?

Incluso Moisés, el dador de la Ley, no fue capaz de obedecerla de una forma perfecta. Jesús sí lo hizo.

¿Qué significa hoy para nosotros la perfecta obediencia de Jesús? (Filipenses 2:8).

PRESAGIOS DE CRISTO

EL NUEVO TESTAMENTO ESTÁ ESCONDIDO EN EL ANTIGUO; EL ANTIGUO TESTAMENTO SE REVELA EN EL NUEVO.

—San Agustín

Existen distintas formas de estudiar la manera en que el Antiguo Testamento anticipa, revela, promete o presagia a Cristo. En este panfleto, se discierne la presencia de Cristo en el Antiguo Testamento mediante la tipología. Esta es una forma muy común de interpretar el Antiguo Testamento en la historia primitiva de la iglesia. Cuando se hace con cuidado, la tipología abre ventanas en la historia de la actividad de Dios en el mundo que, de otro modo, se pasarían fácilmente por alto.

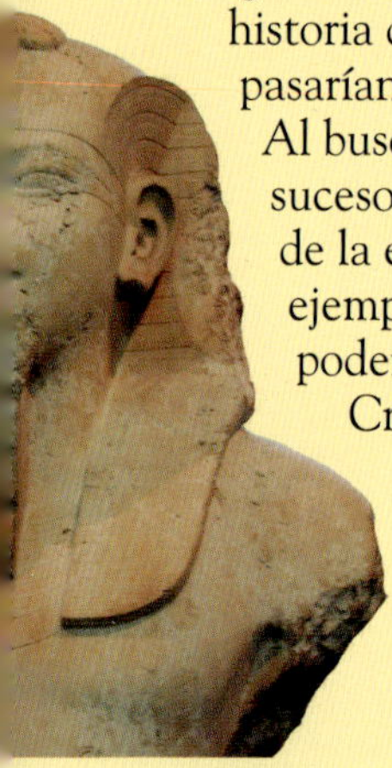

Al buscar paralelismos o similitudes entre los pueblos, los sucesos (por ejemplo: el éxodo anticipa cómo Cristo nos libera de la esclavitud del pecado) y otras cuestiones de la Biblia (por ejemplo, el tabernáculo, que Juan 1:14 relaciona con Jesús), podemos ver que Dios prepara la historia para la venida de Cristo y que no solo lo hace mediante la palabra profética, sino también al trabajar en la vida de los seres humanos. Cuando entendemos esta gran verdad, podemos creer que nuestra propia vida también señala a Cristo y regocijarnos en el Señor de la historia, que nos convierte también en historias maravillosas.

ROSE ESPAÑOL

Un sello editorial de Hendrickson Publishing Group
© 2011 Bristol Works, Inc.
Rose Publishing, LLC
www.hendricksonrose.com

Colaboradores: William Brent Ashby; Benjamin Galan, doctor en estudios teológicos, doctor en Teología, profesor adjunto de hebreo y literatura del AT.

ISBN 978-162862-921-7

Traducción al español: Loida Viegas de Sastrón

S630X *Cristo en el Antiguo Testamento* SKU: 629218
Minoristas: Paquete de 5 folletos = ISBN: 9781628629408 SKU: 629409